Il S&
Vergi

MW01116461

Quello che santifica non è la sofferenza ma la pazienza – San Giovanni Bosco

Misteri Gaudiosi

1) Primo mistero della gioia: l'angelo annuncia a Maria la nascita di Gesù.
Dal Vangelo secondo Luca *(1,26-28.30-31)*

L'angelo Gabriele fu mandato da Dio in una città della Galilea, chiamata Nàzaret, a una vergine, promessa sposa di un uomo della casa di Davide, di nome Giuseppe. La vergine si chiamava Maria. Entrando da lei, disse: «Rallégrati, piena di grazia: il Signore è con te». L'angelo le disse: «Non temere, Maria, perché hai trovato grazia presso Dio. Ed ecco, concepirai un figlio, lo darai alla luce e lo chiamerai Gesù».

Padre Nostro, 10 Ave Maria (meditando il mistero), Gloria al Padre.

Vai avanti anche quando tutti si aspettano che lasci perdere – Santa Madre Teresa di Calcutta

2)Secondo mistero della gioia:
Maria fa visita alla cugina Elisabetta.
Dal Vangelo secondo Luca (1,39-40. 41b-42.45)

In quei giorni Maria si alzò e andò in fretta verso la regione montuosa, in una città di Giuda. Entrata nella casa di Zaccaria, salutò Elisabetta. Elisabetta fu colmata di Spirito Santo ed esclamò a gran voce: «Benedetta tu fra le donne e benedetto il frutto del tuo grembo! E beata colei che ha creduto nell'adempimento di ciò che il Signore le ha detto».

Padre Nostro, 10 Ave Maria (meditando il mistero), Gloria al Padre.

Vi diranno che non siete abbastanza. Non fatevi ingannare, siete molto meglio di quello che vi vogliono credere. San Giovanni Papa II

3)Terzo mistero della gioia: Gesù, il figlio di Dio, nasce dalla Vergine Maria.
Dal Vangelo secondo Luca (2,1.4a.6-7)

In quei giorni un decreto di Cesare Augusto ordinò che si facesse il censimento di tutta la terra. Anche Giuseppe, dalla Galilea, dalla città di Nàzaret, salì in Giudea alla città di Davide chiamata Betlemme. Mentre si trovavano in quel luogo, si compirono per [Maria] i giorni del parto. Diede alla luce il suo figlio primogenito, lo avvolse in fasce e lo pose in una mangiatoia, perché per loro non c'era posto nell'alloggio.

Padre Nostro, 10 Ave Maria (meditando il mistero), Gloria al Padre.

A volte nella nostra vita gli occhiali per vedere Gesù sono le lacrime. Papa Francesco

4)Quarto mistero della gioia:
Maria e Giuseppe presentano Gesù al Tempio.
Dal Vangelo secondo Luca (2, 22b.25a.27-28)

Portarono il bambino a Gerusalemme per presentarlo al Signore. Ora a Gerusalemme c'era un uomo di nome Simeone. Mosso dallo Spirito, si recò al tempio e, mentre i genitori vi portavano il bambino Gesù, anch'egli lo accolse tra le braccia e benedisse Dio.

Padre Nostro, 10 Ave Maria (meditando il mistero), Gloria al Padre.

E quando le vostre gambe saranno stanche camminate con il cuore.
San Papa Giovanni Paolo II

5)Quinto mistero della gioia: Maria e Giuseppe ritrovano Gesù nel Tempio, fra i dottori.
Dal Vangelo secondo Luca *(2,41-42.46.48-49)*

I genitori di Gesù si recavano ogni anno a Gerusalemme per la festa di Pasqua. Quando egli ebbe dodici anni, vi salirono secondo la consuetudine della festa. Dopo tre giorni lo trovarono nel tempio, seduto in mezzo ai maestri, mentre li ascoltava e li interrogava. Al vederlo restarono stupiti, e sua madre gli disse: «Figlio, perché ci hai fatto questo? Ecco, tuo padre e io, angosciati, ti cercavamo». Ed egli rispose loro: «Perché mi cercavate? Non sapevate che io devo occuparmi delle cose del Padre mio?».

Padre Nostro, 10 Ave Maria (meditando il mistero), Gloria al Padre

Fate che chiunque venga a voi se ne vada sentendosi meglio e più felice. San Madre Teresa di Calcutta.

Misteri Luminosi

**1)Primo mistero della luce:
Gesù è battezzato da Giovanni nel Giordano.
Dal Vangelo secondo Matteo (3,16-17)**

Appena battezzato, Gesù uscì dall'acqua: ed ecco, si aprirono i cieli ed egli vide lo Spirito di Dio discendere come una colomba e venire sopra di lui. Ed ecco una voce dal cielo che diceva: «Questi è il Figlio mio, l'amato: in lui ho posto il mio compiacimento».

Padre Nostro, 10 Ave Maria (meditando il mistero), Gloria al Padre.

Non pentirti mai di aver fatto del bene, perché anche se non ti viene riconosciuto Dio lo vede. San Pio da Pietralcina.

2) Secondo mistero della luce:
Gesù presente alle nozze di Cana trasforma l'acqua in vino.
Dal Vangelo secondo Giovanni (2,1-5)

In quel tempo vi fu una festa di nozze a Cana di Galilea e c'era la madre di Gesù. Fu invitato alle nozze anche Gesù con i suoi discepoli. Venuto a mancare il vino, la madre di Gesù gli disse: «Non hanno vino». E Gesù le rispose: «Donna, che vuoi da me? Non è ancora giunta la mia ora». Sua madre disse ai servitori: «Qualsiasi cosa vi dica, fatela».

Padre Nostro, 10 Ave Maria (meditando il mistero), Gloria al Padre.

Se la vostra vita la spenderete per gli altri, voi non la perderete. San Tonino Bello

3)Terzo mistero della luce:
Gesù annuncia il Regno di Dio.
Dal Vangelo secondo Marco (1,14-15)

Dopo che Giovanni fu arrestato, Gesù andò nella Galilea, proclamando il vangelo di Dio, e diceva: «Il tempo è compiuto e il regno di Dio è vicino; convertitevi e credete nel Vangelo».

Padre Nostro, 10 Ave Maria (meditando il mistero), Gloria al Padre.

Non ho più niente, ma ho ancora il cuore e con quello posso sempre amare. Beata Chiara Luce.

4)Quarto mistero della luce: *Gesù si trasfigura davanti ai discepoli.* **Dal Vangelo secondo Matteo** *(17, 1-2)*

Gesù prese con sé Pietro, Giacomo e Giovanni suo fratello e li condusse in disparte, su un alto monte. E fu trasfigurato davanti a loro: il suo volto brillò come il sole e le sue vesti divennero candide come la luce.

Padre Nostro, 10 Ave Maria (meditando il mistero), Gloria al Padre.

Non essere sconvolto dal peccato di tuo fratello, se il Signore togliesse il dito dalla tua testa faresti di peggio. Padre Pio.

5)Quinto mistero della luce:
Gesù durante l'ultima cena istituisce l'Eucaristia.
Dal Vangelo secondo Matteo (26,26)

Ora, mentre mangiavano, Gesù prese il pane, recitò la benedizione, lo spezzò e, mentre lo dava ai discepoli, disse: «Prendete, mangiate: questo è il mio corpo».

Padre Nostro, 10 Ave Maria (meditando il mistero), Gloria al Padre.

La corona del rosario è un arma:
se non spari tu spara quell'altro.
Padre Pio da Pietralcina.

Misteri Dolorosi

1)Primo mistero del dolore: *Gesù prega e suda sangue nell'orto degli ulivi.*
Dal Vangelo secondo Luca *(22,44)*

Al monte degli ulivi Gesù, entrato nella lotta, pregava più intensamente, e il suo sudore diventò come gocce di sangue che cadono a terra.

Padre Nostro, 10 Ave Maria (meditando il mistero), Gloria al Padre.

Aggrappatevi al santo rosario come l'edera si attacca all'albero, perché senza la vergine non possiamo reggerci in piedi. Santa Madre Teresa di Calcutta.

2)Secondo mistero del dolore: Gesù è flagellato dai soldati. Dal Vangelo secondo Matteo (27,26)

Pilato rimise in libertà per loro Barabba e, dopo aver fatto flagellare Gesù, lo consegnò perché fosse crocifisso.

Padre Nostro, 10 Ave Maria (meditando il mistero), Gloria al Padre.

Nella misura in cui l'amore cresce in te, cresce anche la tua bellezza, poiché l'amore è la bellezza dell'anima. Sant'Agostino.

3)Terzo mistero del dolore:
Gesù è incoronato di spine.
Dal Vangelo secondo Matteo
(27,28-29)

I soldati spogliarono Gesù, gli fecero indossare un mantello scarlatto, intrecciarono una corona di spine, gliela posero sul capo e gli misero una canna nella mano destra. Poi, inginocchiandosi davanti a lui, lo deridevano: «Salve, re dei Giudei!».

Padre Nostro, 10 Ave Maria (meditando il mistero), Gloria al Padre.

Tutti vengono qua per farsi togliere la croce, nessuno per imparare a portarla. Padre Pio da Pietralcina.

4)Quarto mistero del dolore:
Gesù percorre la via del Calvario portando la croce
Dal Vangelo secondo Giovanni (19,17-18)

Gesù, portando la croce, si avviò verso il luogo detto del Cranio, in ebraico Gòlgota, dove lo crocifissero e con lui altri due, uno da una parte e uno dall'altra, e Gesù in mezzo.

Padre Nostro, 10 Ave Maria (meditando il mistero), Gloria al Padre.

Ci vuole umiltà e ancora umiltà. È per questa virtù che il Signore ci accorda quanto gli chiediamo. Santa Teresa d'Avila.

5)Quinto mistero del dolore: *Gesù è crocifisso e muore in croce.*
Dal Vangelo secondo Giovanni (19,25.30)

Stavano presso la croce di Gesù sua madre, la sorella di sua madre, Maria madre di Clèopa e Maria di Màgdala. Dopo aver preso l'aceto, Gesù disse: «È compiuto!». E, chinato il capo, consegnò lo spirito.

Padre Nostro, 10 Ave Maria (meditando il mistero), Gloria al Padre.

Nulla ti turbi, nulla ti spaventi. Tutto Passa solo Dio non cambia. Santa Teresa d'Avila.

Misteri Gloriosi

1)Primo mistero della gloria:
Gesù è risorto e vivo.
Dal Vangelo secondo Luca (24, 1-6a.9)

Il primo giorno della settimana, al mattino presto le donne si recarono al sepolcro. Trovarono che la pietra era stata rimossa dal sepolcro e, entrate, non trovarono il corpo del Signore Gesù. Le donne, impaurite, tenevano il volto chinato a terra, ma quelli dissero loro: «Perché cercate tra i morti colui che è vivo? Non è qui, è risorto». Ed esse annunciarono tutto questo agli Undici e a tutti gli altri.

Padre Nostro, 10 Ave Maria (meditando il mistero), Gloria al Padre.

Da lungo tempo ho capito che il buon Dio non ha bisogno di nessuno (ancor meno di me che di altri) per far del bene sulla terra.
Santa Teresa di Lisieux

2)Secondo mistero della gloria: *Gesù ascende al cielo.*
***Dal Vangelo secondo Marco* (16,19-20)**

Il Signore Gesù, dopo aver parlato con loro, fu elevato in cielo e sedette alla destra di Dio. Allora essi partirono e predicarono dappertutto, mentre il Signore agiva insieme con loro e confermava la Parola con i segni che la accompagnavano.

Padre Nostro, 10 Ave Maria (meditando il mistero), Gloria al Padre.

La paura mi fa indietreggiare: con l'amore non soltanto vado avanti, ma volo. Santa Teresa di Lisieux

3)Terzo mistero della gloria:
Lo Spirito Santo scende su Maria e gli apostoli.
Dal Vangelo secondo Giovanni
(20,19.22)

La sera di quel giorno, il primo della settimana, mentre erano chiuse le porte del luogo dove si trovavano i discepoli per timore dei Giudei, venne Gesù, stette in mezzo e disse loro: «Pace a voi!». Detto questo, soffiò e disse loro: «Ricevete lo Spirito Santo».

Padre Nostro, 10 Ave Maria (meditando il mistero), Gloria al Padre.

La preghiera è la chiave che apre il cielo sopra di noi e chiude l'inferno sotto di noi: se non preghiamo il cielo resta chiuso, mentre si apre l'inferno sotto I nostri piedi...
Beata Elisabetta della Trinità

4)Quarto mistero della gloria:
Maria è assunta in cielo.
Dal Vangelo secondo Luca (1,46-50)

Allora Maria disse: «L'anima mia magnifica il Signore e il mio spirito esulta in Dio, mio salvatore, perché ha guardato l'umiltà della sua serva. D'ora in poi tutte le generazioni mi chiameranno beata. Grandi cose ha fatto per me l'Onnipotente e Santo è il suo nome; di generazione in generazione la sua misericordia per quelli che lo temono».

Padre Nostro, 10 Ave Maria (meditando il mistero), Gloria al Padre.

Con la preghiera si può affrontare qualsiasi genere di lotta. L'anima dovrà pregare in qualunque stato essa si trovi.
Santa Faustina Kowalska

5)Quinto mistero della gloria: *Maria è nostra madre e regina del cielo e della terra.* *Dal libro dell'Apocalisse* (12, 1-2.5)

Un segno grandioso apparve nel cielo: una donna vestita di sole, con la luna sotto i suoi piedi e, sul capo, una corona di dodici stelle. Era incinta, e gridava per le doglie e il travaglio del parto. Essa partorì un figlio maschio, destinato a governare tutte le nazioni.

Padre Nostro, 10 Ave Maria (meditando il mistero), Gloria al Padre.

LITANIE LAURETANE

Signore, pietà
  Signore, pietà
Cristo, pietà
Signore, pietà.

Cristo, ascoltaci.
Cristo, esaudiscici.
Padre del cielo, che sei Dio,
  abbi pietà di noi.

Figlio, Redentore del mondo, che sei
Dio,
Spirito Santo, che sei Dio,
Santa Trinità, unico Dio,

Santa Maria,
  prega per noi.
Santa Madre di Dio,
Santa Vergine delle vergini,
Madre di Cristo,
Madre della Chiesa,
Madre di misericordia,
Madre della divina grazia,
Madre della speranza,
Madre purissima,

Madre castissima,
Madre sempre vergine,
Madre immacolata,
Madre degna d'amore,
Madre ammirabile,
Madre del buon consiglio,
Madre del Creatore,
Madre del Salvatore,
Vergine prudente,
Vergine degna di onore,
Vergine degna di lode,
Vergine potente,
Vergine clemente,
Vergine fedele,
Specchio di perfezione,
Sede della Sapienza,
Fonte della nostra gioia,
Tempio dello Spirito Santo,
Tabernacolo dell'eterna gloria,
Dimora consacrata di Dio,
Rosa mistica,
Torre della santa città di Davide,
Fortezza inespugnabile,
Santuario della divina presenza,
Arca dell'alleanza,
Porta del cielo,
Stella del mattino,
Salute degli infermi,

Rifugio dei peccatori,
Conforto dei migranti,
Consolatrice degli afflitti,
Aiuto dei cristiani,
Regina degli angeli,
Regina dei patriarchi,
Regina dei profeti,
Regina degli Apostoli,
Regina dei martiri,
Regina dei confessori della fede,
Regina delle vergini,
Regina di tutti i santi,
Regina concepita senza peccato,
Regina assunta in cielo,
Regina del rosario,
Regina della famiglia,
Regina della pace,

Agnello di Dio che togli i peccati del
mondo,
  perdonaci, Signore.

Agnello di Dio che togli i peccati del
mondo,
  ascoltaci, Signore.

Agnello di Dio che togli i peccati del mondo,
abbi pietà di noi.

Prega per noi, Santa Madre di Dio.
E saremo degni
delle promesse di Cristo.

PREGHIAMO

Concedi ai tuoi fedeli,
Signore Dio nostro, di godere sempre
la salute del corpo e dello spirito,
per la gloriosa intercessione
di Maria santissima, sempre vergine,
salvaci dai mali che ora ci rattristano
e guidaci alla gioia senza fine.
Per Cristo nostro Signore.
Amen.

Preghiera di conclusione da ripetere tre volte dopo il rosario.

Dio Ti saluta, o Maria. Dio Ti saluta, o Maria. Dio Ti saluta, o Maria.
O Maria, io Ti saluto 33.000 (trentatremila) volte,
come ti ha salutato l'arcangelo San Gabriele.
E' gioia per il Tuo Cuore ed anche per il mio cuore, che l'Arcangelo Ti abbia portato il saluto del Cristo.
Ave, o Maria...